AF377341

OBSERVATIONS

SUR LA PUISSANCE DE L'ANGLETERRE

ET

SUR CELLE DE LA RUSSIE,

Par Charles DUPIN, membre de l'Institut,
officier supérieur au corps du génie maritime,

AU SUJET

DU PARALLÈLE ÉTABLI PAR M. DE PRADT,

entre ces puissances.

Observations sur la puissance de l'Angleterre et sur celle de la Russie; par Charles DUPIN, membre de l'Institut, etc.

§ I. De l'Angleterre.

C'est en hésitant, je l'avoue, que je m'élèverai, contre quelques opinions d'un écrivain que l'ancien et le nouveau Monde placent avec raison parmi leurs publicistes les plus célèbres. Cependant, il s'agit d'un problème de statique militaire et d'économie politique, pour lequel je crois posséder quelques élémens de solution, qui manquaient à l'auteur de l'ouvrage, objet de ces observations. Il s'agit du rang que doivent acquérir ou conserver les peuples de l'Europe, dans l'équilibre de forces qui tend à se former depuis la dernière guerre..... L'Angleterre et la Russie sont-elles désor-

---

(1) On souscrit, pour ce Recueil, dont il paraît un cahier de quatorze feuilles d'impression, tous les mois, au BUREAU CENTRAL D'ABONNEMENT, rue d'Enfer-Saint-Michel, n° 18. Chaque cahier se compose de quatre sections : I. *Notices et Mémoires,* sur des objets d'un intérêt général. II. *Analyses* d'ouvrages choisis; 1° *Sciences physiques;* 2° *Sciences morales et politiques;* 3° *Littérature* et *Beaux-Arts.* III. *Annonces bibliographiques* d'ouvrages nouveaux, classés par pays, et dans chaque pays, par sciences. IV. *Nouvelles scientifiques et littéraires.* — Prix, à Paris, 46 fr. pour un an; dans les départemens, 53 fr., et 60 fr. pour les pays étrangers. — On peut s'adresser au *Bureau central,* pour faire insérer des extraits de *prospectus d'ouvrages nouveaux,* dans les *Annonces bibliographiques* ajoutées à la suite de chaque cahier.

mais les seules nations européennes qui jouiront de l'indépendance? Ne reste-t-il aux autres peuples que le choix du vasselage, entre deux peuples suzerains? La France, la Germanie et les autres puissances, sont-elles ainsi déchues de leur libre arbitre et de leur dignité sociale? Leurs monarques sont-ils, sous des formes plus humaines et moins avilissantes, *ce qu'étaient les Prusias et les Dejotarus : des rois protégés !* M. de Pradt se prononce pour l'affirmative; il s'efforce d'en convaincre l'Europe. Tel est *le but européen* qu'il assigne à son ouvrage.

Il nous semble, au contraire, qu'on pourrait démontrer, sans dissimuler en rien les forces de l'Angleterre et de la Russie, que les peuples de notre continent ont, dans l'état actuel de leur population, de leur industrie et de leur civilisation, des moyens suffisans pour assurer leur indépendance, et pour rester, avec les deux états qu'on ose nous présenter comme les *protecteurs obligés* de tous les autres, dans des rapports honorables d'égalité et de réciprocité.

Mais, avant tout, rendons aux talens supérieurs de notre illustre antagoniste, l'hommage qui leur est dû. Les ouvrages de M. de Pradt sont en possession d'attirer fortement l'attention du lecteur éclairé. Toujours, ils sont consacrés à de grands intérêts publics; presque toujours, ils sont les précurseurs et les indices de catastrophes imminentes. C'est aux approches de la crise qui va décider du sort de ces grands intérêts, que leur auteur monte sur son tribunal littéraire, pour juger de l'issue qu'auront les luttes et les débats auxquels nous prenons part, ou comme acteurs ou comme victimes.

En remplissant ces hautes fonctions, souvent M. de Pradt a su prévoir les événemens avec un rare bonheur, ou plutôt avec une profondeur qui tient à l'étendue de son esprit et à la justesse de ses vues générales.

Ainsi, dissipant par les forces de sa pensée, les illusions que tendaient à propager l'éloignement et la fausseté des rapports sur la répression des colonies espagnoles soulevées contre leur mère-patrie, M. de Pradt, marchant sur les traces de Turgot, renouvela les prédictions de cet habile et vertueux ministre, au sujet de la libération solidaire des Amériques du Nord et du Sud. M. de Pradt a constamment soutenu le succès inévitable des populations d'outre-mer, pour conquérir leur indépendance, et pour se séparer, les unes de l'Espagne, les autres du Portugal : on sait à quel point les événemens ont justifié les assertions de Turgot, habilement reproduites par l'archevêque de Malines.

Maintenant que sont accomplis les destins du nouveau Monde, M. de Pradt ramène sa pensée sur le sort de l'ancien. C'est de l'Europe, avons-nous dit, qu'il s'occupe aujourd'hui ; c'est vers l'avenir politique de ce berceau de la civilisation moderne, qu'il a dirigé sa vue perçante.

Il aperçoit deux empires, nouveaux l'un et l'autre dans leur grandeur et leur prépondérance, et décidant à l'avenir du sort de tous les états de notre continent. L'un de ces empires sans rival sur mer, l'autre sans rival sur terre ; l'un prospérant par tous les avantages que procurent les institutions, les libertés et la civilisation ; l'autre dominant avec toute la force que donnent la double suprématie réligieuse et politique, l'obéissance illimitée d'une armée innombrable, et la sévérité d'une discipline automatique qui régit, avec un même arbitraire, le peuple et les grands, les soldats et les citadins.

Telles sont les deux puissances dont M. de Pradt entreprend d'offrir le parallèle, en y subordonnant le reste des nations. Jamais sujet plus grand et plus beau, ne pouvait s'offrir à l'examen d'un homme d'état, ni dans un moment plus convenable, qu'à l'instant où l'Europe, encore incertaine et timorée, flotte entre deux influences ; et passe tour-à-tour, des terreurs d'un parti aux espérances du parti contraire, et des prédilections pour une alliance, aux préjugés qui repoussent d'autres fédérations.

« Un écrit destiné, dit M. de Pradt, à guider dans le choix de ces *protecteurs obligés* (le Russe ou l'Anglais!), en faisant bien connaître tous les élémens qui concourent *à la formation de ce* PROTECTORAT, m'a paru ne pouvoir être qu'à l'ordre du jour, etc. » (p. 6.)

Mais, d'abord, ce principe fondamental, sur lequel M. de Pradt élève son édifice, est-il aujourd'hui bien constant ? L'Europe est-elle en effet placée entre deux dominateurs *obligés?* est-elle désormais réduite à l'inévitable rôle de *protégée?*

Que les peuples continentaux de l'Europe civilisée, quand viendra l'instant du besoin, cherchent, par des alliances, à rendre moins inégale, ou, pour mieux dire, à rendre égale la partie contre l'Europe encore incivilisée, on le conçoit. Mais, nous le disons hardiment, ce n'est point en vassaux et comme forcément protégés, qu'ils doivent chercher un secours pareil à celui qu'eux-mêmes peuvent rendre. Telle est notre intime conviction. Cependant, n'anticipons point sur des considérations qui prendront plus de force après un mûr examen des faits.

M. de Pradt, entre les deux protecteurs dont il nous impose l'alternative, se décide ouvertement pour l'Angleterre, et beaucoup d'hommes éclairés pencheront vers ce parti. Tout rapprochement avec l'Angleterre ne peut nous fournir que des sujets de comparaison, utiles à nos institutions, à notre industrie, à notre savoir. L'Angleterre offre à la France autant d'objets dignes de son étude et de son imitation, que la France en peut offrir à l'Angleterre. Tous les amis du perfectionnement des sociétés humaines, éprouvent le désir de resserrer plutôt que de dissoudre les liens qui doivent rapprocher les deux peuples les plus illustres de l'Europe. Je puis être cru dans cet aveu de mon admiration pour la grandeur et la beauté des modèles que la nation britannique présente aux autres nations; puisque j'ai consacré ma vie à l'étude de ces modèles, pour faire hommage à ma patrie de tout ce qui m'a paru digne d'en être imité sur notre territoire.

Mais cette admiration, dont je me sens pénétré, ne saurait m'éblouir, ni m'empêcher d'apercevoir le détriment que certaines vues de la politique et de l'industrie britanniques pourraient causer aux intérêts de mon pays. Sous ce rapport, et sans même consulter le noble sentiment de notre dignité nationale; je ne saurais regarder autrement que comme un fléau *tout protectorat obligé*, exercé par l'Angleterre à l'égard de la France.

Pour bien juger le génie de la Grande-Bretagne, il faut considérer comme deux choses essentiellement distinctes : 1° sa politique et son économie intérieures, 2° son économie et sa politique extérieures. Les premières sont presque toujours régies d'après les principes les plus élevés et les plus généreux ; mais les secondes sont trop souvent guidées par de tout autres principes. M. de Pradt n'a pas cru devoir faire une distinction pareille. C'est sans aucune restriction qu'il accorde son suffrage à la philantropie britannique, étendue aux citoyens des autres états, comme aux citoyens des trois royaumes.

« Ce n'est pas un monument à la gloire personnelle de l'Angleterre que je me suis proposé dans ce travail, nous dit-il, mais à celle de la civilisation, dont l'Angleterre est l'ouvrage et la mesure ; car l'Angleterre n'a pu fonder ni maintenir sa puissance et son opulence, comme je le prouverai, que sur l'accroissement de la civilisation de l'univers. *Il résultera de l'enseignement donné par l'exemple de l'Angleterre, que l'art d'être heureux consiste à ne faire* QUE DU BIEN AUX AUTRES, *et à ne suivre que la voie de la raison....* » Ainsi

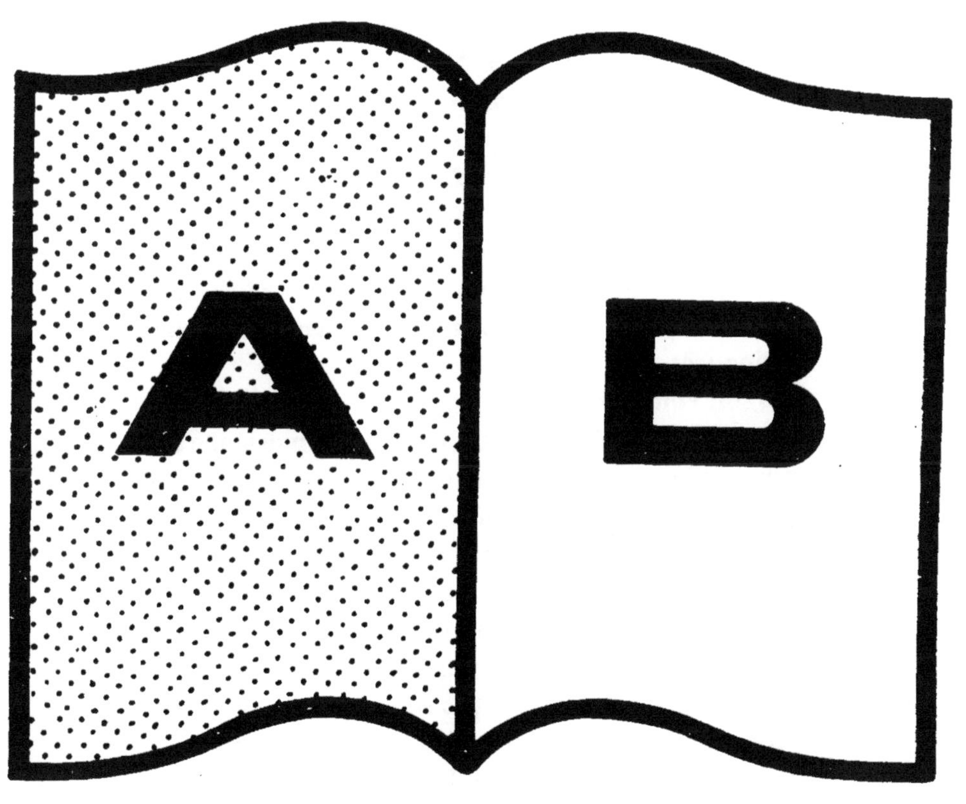

Contraste insuffisant

NF Z 43-120-14

donc l'Angleterre a donné cet enseignement à l'univers !.....

L'Angleterre, considérée seulement comme puissance commerciale, est, à certains égards, intéressée au bien-être, à l'opulence des autres nations; elle est, si je puis parler ainsi, leur amie *pécuniaire* obligée. Mais l'Angleterre, en cela pareille à toute autre puissance mercantile, est surtout intéressée à trouver des acheteurs qui tiennent beaucoup plus à consommer ses produits que ceux des autres contrées. Il lui faut, à l'étranger, des consommateurs égoïstes qui préfèrent ses marchandises à celles de leurs propres fabricans, même au détriment, plus ou moins prononcé, de leur industrie nationale. A ce sujet, nous devons par conséquent établir une distinction très-importante.

Dans son commerce direct avec une autre puissance, l'Angleterre est intéressée à ce que cette autre puissance excelle en certaines branches d'industrie, sur lesquelles ne porte pas la supériorité présente ou future de ses propres fabrications; par ce moyen, elle trouve matière à des échanges également utiles aux deux nations. Mais, pour les productions de l'art et de la nature, sur lesquelles les deux peuples peuvent entrer en rivalité, les progrès de l'un sont directement contraires aux progrès de l'autre. Il ne s'agit pas seulement de savoir qui des deux fournira son compétiteur ou sera fourni par lui, avec ce produit d'industrie; il s'agit de savoir si, sur tous les marchés de l'univers, ce même produit, fabriqué par l'un ou par l'autre peuple, sera préféré. C'est en ce sens que le commerce extérieur de la Grande-Bretagne est en opposition directe avec le commerce extérieur de toutes les autres nations. Ainsi, par exemple, sans la supériorité des Anglais dans l'œuvre des cotons, la France en vendrait peut-être aux diverses nations, pour 5oo millions de francs par année. Mais l'Angleterre nous surpasse dans cette espèce de fabrication. En conséquence, chaque année, elle vend des cotons filés ou tissés

(9)

pour 500 millions de francs, et nous n'en vendons pas pour
le dixième de cette valeur.

Ainsi, l'intérêt positif de l'Angleterre, est que les arts qui
font la base de sa prééminence industrielle, soient toujours
moins avancés chez les autres peuples que chez elle. C'est
pour cela qu'elle prohibe la sortie des métiers et des machi-
nes; c'est pour cela qu'elle punit par des peines infamantes
et corporelles, les ouvriers qui, sachant faire aller ces métiers, tentent de porter leur industrie chez d'autres nations;
c'est pour cela qu'elle condamne, avec une extrême sévérité,
tout Anglais qui détermine ces mêmes ouvriers à transporter
leur industrie chez les peuples étrangers.

Lorsque les magistrats municipaux, lorsque le monarque
lui-même, en annonçant des fêtes solennelles, engagent les
Anglais et les Anglaises à composer leurs somptueuses pa-
rures, avec des produits qui n'aient été fournis par aucun peuple étranger, est-ce pour offrir aux nations l'exemple de cet
heureux échange des œuvres de l'art entre les différens peu-
ples, qui les fait jouir, au même degré, des avantages mu-
tuels d'un équitable commerce? — Non, certes. La Grande-
Bretagne ne veut recevoir de l'étranger, que ce qu'elle ne peut
pas, que ce qu'elle ne *pourra pas* fabriquer quelque jour.
Ainsi, pendant cent ans, elle a prohibé les soieries si supérieures de la France, dans l'espoir qu'au bout d'un siècle elle
pourrait s'élever jusqu'à la concurence, et parvenir bientôt
après, à nous expulser, pour cette branche d'industrie, de
tous les marchés de l'univers. C'est un avantage qu'elle espé-
rait se procurer, non pas en nous *faisant du bien,* mais en
ruinant l'une de nos plus riches fabrications.

Disons plus simplement : l'Angleterre, dans ses relations
commerciales avec les autres peuples, leur fait du bien, quand
ce bien concorde avec le sien propre, et du mal, aussitôt
qu'elle s'y croit intéressée, soit pour son industrie, soit pour

sa politique. Ceci n'est pas un reproche que nous prétendions lui adresser, plutôt qu'à toute autre puissance; car tous les peuples ont jusqu'à présent tenu cette conduite. Ils n'ont différé que par les nuances de leur égoïsme et de leur cupidité.

Les intérêts du commerce influent encore d'une autre manière sur les desseins politiques de la Grande-Bretagne. Cette nation, dont les vues sont très-étendues et très-profondes, sait parfaitement que la supériorité de son commerce et de sa force tient à l'heureux équilibre de ses institutions, à la pleine jouissance de toutes ses libertés. Aussi, jusqu'à ces derniers tems, a-t-elle paru peu jalouse d'assurer, sur le continent, les mêmes bienfaits aux autres peuples.

Dans une enquête parlementaire fort remarquable, sur le commerce de la Grande-Bretagne comparé à celui des diverses nations, on voit les membres du parlement chargés de cette enquête, demander aux négocians de Londres : « Ne pensez-vous pas que la France (si elle conserve ses nouvelles institutions et son gouvernement constitutionnel) n'y trouve, pour son commerce, des élémens de prospérité qui lui ont manqué jusqu'à ce jour? » — Sans aucun doute, ont répondu les habiles négocians.

L'Angleterre n'a donc aucun intérêt *pécuniaire* à ce que la France conserve la forme actuelle de son gouvernement, et ne perde pas les libertés si chères qui nous sont garanties par la Charte. Elle y voit pour nous des moyens puissans de lutter contre le monopole qui résulte de sa supériorité industrielle. Par là, nous ne voulons pas dire que l'Angleterre aidât avec plaisir à renverser ce beau monument dont l'immortalité fait l'objet de notre espérance. Nous voulons dire seulement qu'elle n'aurait aucun intérêt mercantile à prévenir le malheur d'une telle subversion. Ses vues à cet égard ne sauraient donc être pour nous un motif d'implorer son protectorat.

Parlerons-nous à présent d'indépendance nationale!........

L'Angleterre n'avait pas d'intérêt à ce que Gênes restât indépendante, à ce que Raguse restât indépendante, à ce que Venise restât indépendante, à ce que la Sicile continuât d'avoir
un parlement et des lois fondamentales. Aussi, malgré des
promesses éclatantes, a-t-elle fait sans effort le sacrifice des
libertés et des prospérités de ces états commerçans, ruinés
aujourd'hui par une telle condescendance.

L'Europe entière a retenti des cris d'indignation qui se sont
élevés, au sujet de la part active que l'Angleterre a prise contre les Grecs, depuis l'époque des malheurs de Parga jusqu'à
ces derniers tems. On s'est demandé par quelles lois d'exception il se faisait qu'un Anglais, un Écossais, un Irlandais,
pussent aller, dans le sud de l'Amérique ou dans l'archipel de
la Grèce, combattre pour des états nouvellement formés, sans
que le gouvernement britannique osât leur infliger aucune
peine, dans leurs biens ni dans leurs personnes ; et comment
des Grecs de Corcyre, d'Ithaque et de Céphalonie, qui vou-
lurent aller défendre leurs frères, sur la terre de leurs aïeux,
ou sur les mers illustrées par leurs ancêtres, furent privés de
tous leurs biens, et proscrits dans leurs personnes ?...... On
s'est demandé comment la Cité de Londres, qui se prononça si
hautement en faveur de l'émancipation des Américains du
Sud, et qui leur fournit tant de secours pour combattre des
hommes appartenant à la même race, aux mêmes mœurs, à
la même religion, comment la Cité de Londres, durant les
plus grands dangers et les plus grands malheurs de la Grèce,
n'a gardé qu'un morne silence, au sujet de la généreuse et ma-
gnanime régénération d'un peuple qui sacrifie son sang pour
faire triompher l'étendard de la croix sur le croissant de l'ido-
lâtre, et les lumières du christianisme sur l'abrutissement de
l'islamisme ?.....

Les Grecs sont aujourd'hui les premiers navigateurs de la
Méditerranée. Sobres, actifs, économes, intrépides, aucun

peuple maritime ne peut transporter, comme eux, les produits de l'industrie humaine, pour un modique salaire. L'enquête parlementaire qui reconnaît pour la France tout l'avantage de ses institutions, reconnaît la supériorité des Grecs dans
la navigation marchande. Cette enquête démontre claire-
ment que les Anglais mêmes ne sauraient soutenir la concurrence contre les Hellènes, dans l'économie du commerce de
transport.

Depuis quelque tems, il est vrai, la politique extérieure de
l'empire britannique, confiée à des mains plus généreuses,
et placée par les événemens dans des circonstances nouvelles,
a fait cesser toute mesure hostile de l'Angleterre contre les
Grecs, et diminué la protection que les flottes de cette puissance, éparses dans la Méditerranée, prêtaient aux Musul-
mans. Mais il ne doit pas moins être évident, pour les Grecs
en particulier, qu'aux tems de leur plus grande infortune,
la politique britannique ne *cherchait* pas à se rendre *heureuse à leur égard, en faisant du bien aux autres.*

Enfin, aujourd'hui même, on nous assure que des agens
anglais s'efforcent de faire accepter aux Grecs une administration musulmane, pareille à celle des Waïvodes, et qui pourrait procurer à l'industrieuse Hellénie, la civilisation du Bul-
gare, la sécurité du Valaque et les libertés du Servien !....

Je sais qu'au sein de la Grande-Bretagne, il est des hommes généreux qui voudraient concilier le bien-être de tous
les peuples, avec la dignité de toutes les puissances ; ils ne
souhaitent pas que l'éminence de leur patrie soit marquée par
la faiblesse et la dégradation des nations étrangères. Mais de
tels hommes sont aussi rares en Angleterre qu'en tout autre
pays ; ils ne doivent compter que comme exceptions.

L'Angleterre est pleinement convaincue qu'il convient à sa
propre sécurité, que la France ne devienne jamais une trop
grande puissance ; elle a déclaré, par exemple, qu'elle ne se

croirait jamais en sûreté, si nous gardions l'Escaut et la Belgique. Aussi les avons-nous perdus, dès qu'elle a pu nous les faire perdre ; et s'est-elle chargée de veiller à ce qu'on hérissât de remparts la frontière qu'elle élève contre nous, du côté du nord : le tout, pour nous empêcher d'atteindre à nos limites naturelles. En ce moment même, le duc de Wellington continue d'inspecter les places fortes érigées contre nous dans la Flandre.

Ce n'est point par le désir de faire du bien aux autres, afin d'en éprouver elle-même, que l'Angleterre proclamait, en 1814, le rétablissement des états, sur le même pied qu'en 1789 ; puis dépouillait la Hollande et de Ceylan et du cap de Bonne-Espérance, et nous enlevait l'île de France. Mais l'Angleterre savait que, si ces possessions avaient fait du bien à leurs anciens maîtres, il lui serait pour le moins aussi profitable de les garder à jamais ; et elle eu a fait sa propriété, sans s'inquiéter si cet acte était en harmonie avec les principes qu'elle professait avec le plus d'éclat.

Gardons-nous donc de compter exclusivement sur le prétendu besoin de bienfaisance universelle éprouvé par l'Angleterre. Admettons-la franchement et loyalement parmi nos amis, quand elle ne sera pas au rang de nos ennemis. Mais, ne la regardons jamais comme notre *protectrice obligée*, ni comme notre bienfaitrice permanente, infaillible et nécessaire.

Du reste, suivons un excellent précepte indiqué par M. de Pradt lui-même. Ne nous laissons influencer, dans nos déterminations, ni par un amer souvenir des maux jadis soufferts, ni par une reconnaissance éternelle pour des bienfaits passagers. Étudions notre vraie position, apprécions nos intérêts, et laissons à la raison le droit de nous dicter les règles de notre conduite.

Pour examiner les moyens des deux puissances, *protectri-*

ces obligées du reste de l'Europe, M. de Pradt commence par reproduire les principaux faits présentés dans les comptes ministériels britanniques, sous le titre d'*Etat de l'Angleterre en 1821 et en 1822.*

M. de Pradt tranche nettement, au sujet de tous ceux qui ont publié quelques observations sur ces données officielles.

« Le grand rapport de la question avait également échappé à tous, dit-il, celui de l'amélioration des sociétés humaines, comme la source de la richesse de l'Angleterre, qui ne s'alimente que de cette diffusion de l'aisance et du goût dans tout l'Univers. »

A cet égard, il nous semble que nous venons à notre tour de jeter sur le grand rapport qui nous avait échappé *à tous*, quelque lumière que l'éloquent auteur du *Parallèle* avait négligé de nous transmettre.

Si M. de Pradt avait daigné parcourir l'introduction d'un ouvrage consacré à l'examen de la *Force militaire de la Grande-Bretagne*, il y aurait trouvé ces mots qui prouvent, peut-être, que le grand rapport dont il parle n'avait pas (comme il l'affirme) échappé également à tous ses devanciers.

« Chaque jour (depuis la paix) on a moins regardé comme une perte pour un peuple, l'accroissement de la fortune et du bonheur des peuples circonvoisins. On commence, au contraire, à concevoir qu'il est utile de voir, autour de soi, s'enrichir des acheteurs, si l'on tient soi-même à devenir un vendeur opulent. Tout ce calcul d'égoïsme est bien petit et bien bas, sans doute, devant les vues plus nobles et plus vastes d'une saine philantropie. Mais, qu'importe la voie qui mène les hommes au bien, à la prospérité ! Pourvu qu'ils deviennent moins envieux, moins ennemis les uns des autres, c'est toujours un triomphe pour l'humanité : elle ne sait pas se rendre difficile sur les chemins qui conduisent à ce but cher et sacré. » (Introduction, pag. xiv.)

Comment se fait-il que ce grand rapport, inconnu à tous les écrivains qui ont parlé de l'Angleterre et de son commerce, ait été cependant signalé par l'un d'eux, comme la découverte d'un des écrivains les plus anciens et les plus célèbres de l'antiquité, qui disait, en parlant de Tyr, *cette Albion de la terre promise ?*

« Le port de Tyr était ouvert, sans restriction, aux bâtimens, aux marins de toutes les contrées ; l'étranger y pouvait, comme le régnicole, acquérir et vendre sans entraves. Ce commerce avait comblé de biens un grand nombre de nations maritimes ; et l'opulence de Tyr avait fait la fortune des rois. Quel est donc, ajoutait-on, quel est l'observateur profond qui nous apprend ces bienfaits d'un commerce *ami* des hommes, ce partage d'une fortune adverse ou favorable; cette alliance, enfin, qui naît d'un mutuel intérêt entre les rois et les peuples de diverses nations?..... Quel génie philosophique, perçant la nuit des tems barbares, découvre ainsi, d'un sublime regard, les causes invisibles des prospérités commerciales : le savoir, l'honneur, les libertés et la sécurité? C'est le prophète Ézéchiel (1). »

M. de Pradt, pour analyser les élémens de la puissance britannique, commence par s'occuper de la population.

« L'*État de l'Angleterre en* 1821 , dit-il, établit que cette population a augmenté d'un cinquième dans l'espace de tems qui s'est écoulé depuis 1792 jusqu'en 1822, c'est-à-dire, pendant trente ans. L'accroissement que l'Angleterre a acquis est fort grand, et ne se retrouve dans aucune contrée de l'Europe; il faut, ajoute-t-il, aller jusqu'aux États-Unis *pour rencontrer encore mieux.* »

______

(1) *Influence du commerce sur le savoir et la civilisation des peuples anciens;* Discours prononcé dans la séance publique de l'Institut de France, le 24 avril 1822. In-8°. Paris, Bachelier; 1 fr. 25 c.

Commençons d'abord par observer qu'ici l'accroissement rapporté par M. de Pradt n'est que la moitié de l'accroissement réel. C'est une erreur de 50 pour cent, sur un objet de la plus haute importance.

En France, de 1792 à 1822, la population s'est augmentée précisément dans la proportion d'un cinquième; elle n'avait que vingt-quatre millions, au commencement de la révolution; elle en a plus de trente aujourd'hui. La population de la haute Italie, de la Belgique et d'une grande partie de l'Allemagne a pris un accroissement presque aussi considérable.

Pour trouver un plus grand accroissement de population qu'en Angleterre, il n'est pas nécessaire d'aller aux États-Unis; nous pouvons, même en Europe, *rencontrer encore mieux,* et c'est la Russie qui nous offre ce plus grand accroissement de population. En Russie, sur la seule population attachée à la religion grecque, le nombre des naissances annuelles surpasse 1,500,000 individus; celui des mortalités n'atteint pas 900,000; ainsi, le progrès naturel de la population est de 600,000 par an. Il est facile de calculer ce qu'un pareil excédant pourrait produire en trente années.

Voyons quelles explications M. de Pradt nous fournit, sur la supériorité d'accroissement de la population britannique.

« Les progrès de la population anglaise ont eu lieu dans un période de tems consacré exclusivement à la guerre, circonstance en général plus contraire que favorable à ce genre d'accroissement : en le comparant abstractivement avec ce qui se passe sur le continent, on pourrait en être étonné; mais la réflexion montre bientôt que ce qui sévit comme un fléau sur le continent, doit s'émousser contre les préservatifs dont la nature et la civilisation ont contribué à munir l'Angleterre. En effet, *elle est située et constituée socialement, de manière*

que ce qui fait du mal aux autres lui fasse du bien (1); que
ce qui fait reculer ailleurs, fasse avancer chez elle; que ce
qui ailleurs *éclaircit* les rangs, les *épaississe* chez elle : la
guerre n'atteint que les coffres de l'Angleterre; ses cités et ses
champs restent intacts. Les dévastations, compagnes ordinai-
res de la guerre, viennent expirer au pied de ses rivages. Du
haut de ces citadelles ailées qui lui donnent l'empire de la mer,
l'Angleterre chasse devant elle la guerre et ses fléaux, comme
on voit des vaisseaux que l'homme a rendus les rivaux ou plutôt les vainqueurs des élémens, dissiper avec les foudres qui
arment leurs flancs, les nuées orageuses que le ciel a formées
avec les vapeurs de l'Océan (2). Tandis que presque toutes les
capitales de l'Europe étaient occupées par l'ennemi; tandis
que vingt princes fuyaient, erraient, rentraient humiliés dans
leurs états morcelés, l'Angleterre attirait dans son sein tout
l'or et toutes les marchandises de l'Univers; elle nourrissait,
elle habillait, elle armait amis et ennemis. » (*Parallèle*, etc.,
pag. 11 et 12.)

Nous nous sommes abandonnés au plaisir de citer tout ce
brillant morceau. Mais, avant d'aller plus loin, nous pourrions
demander à M. de Pradt comment il est possible, d'une part,

---

(1) C'est en partie pour cela qu'en Angleterre beaucoup de guerres sont
extrêmement populaires. Lorsque j'ai visité pour la première fois la
Grande-Bretagne, en 1816 et 1817, tous les gens du peuple, avec lesquels j'avais quelques relations, ne tarissaient pas dans leurs lamenta-
tions et dans leurs regrets sur l'aisance et le bonheur dont ils avaient
joui durant la guerre. Ils appelaient à grands cris le retour des combats,
avec autant de ferveur que, durant une saison trop aride, l'homme des
champs appelle la rosée, pour féconder ses guérets et fertiliser ses prai-
ries.

(2) M. de Pradt regarde sans doute comme une plaisanterie cette manière de chasser les orages à coups de canon, dans l'immensité des airs
et de l'Océan.

2

(18)

que l'Angleterre soit située et constituée socialement, de manière que *ce qui fait du mal aux autres, lui fasse du bien;*
et de l'autre, comment son exemple peut nous montrer que
*l'art d'être heureux consiste à ne faire que du bien aux au-
tres :* faut-il admettre en même tems ces deux propositions
contradictoires? — Je crois plutôt que la première est tout-
à-fait exagérée, et la seconde tout-à-fait inexacte.

Aux assertions de M. de Pradt sur les causes qui, durant la
guerre, favorisent la population des Iles Britanniques, pour
défavoriser les états du Continent, nous n'opposons qu'un fait
déjà cité : la France, malgré tous ses désavantages de situa-
tion continentale, malgré toutes les pertes des guerres san-
glantes qu'elle a si long-tems soutenues, la France, après
avoir eu deux fois sa capitale occupée, a pourtant vu sa population faire d'immenses progrès. C'est pourquoi nous ne
pensons pas qu'on puisse conclure avec M. de Pradt :

« Ainsi c'est du sein même de la mort, du gouffre où *s'en-
sevelissaient* d'autres populations, que la vie s'est reproduite
et multipliée en Angleterre. Ce progrès dont *on ne jugeait
pas bien* le principe, avait trompé les yeux accoutumés à ce
spectacle des effets que la guerre produit ordinairement sur
le continent : c'est que la marche de l'Angleterre leur avait
échappé. Cette marche se faisait *en sens inverse* du continent;
ici (sur le continent) la guerre est un état suspensif de l'activité laborieuse. Principe et mobile principal de la reproduc-
tion dans les sociétés, l'homme *tombe sans compensation;*
en Angleterre, plus la guerre s'étend, plus le travail croît,
etc. » (*Parallèle*, page 13.)

Nous ne regardons pas comme exact de dire que, sur
le continent, la guerre soit par elle-même un état suspensif de l'activité laborieuse. Nous savons, au contraire, que
l'industrie continentale a pris des développemens marqués,
durant les dernières guerres de l'empire français, en France,

en Belgique, en Italie, et dans la confédération du Rhin.

Si M. de Pradt tombe parfois dans quelques erreurs sur les sources de la prospérité industrielle de la Grande-Bretagne, son esprit supérieur le conduit à des vérités importantes qu'il développe dans toute leur étendue. Tel est, à quelques égards, le tableau de l'avantage que tous les peuples retirent de l'accroissement qu'éprouve la population britannique. Cependant il va trop loin, lorsqu'il dit : « Mettez à côté du peuple anglais, ces nations insensibles aux jouissances, hébétées dans un engourdissement moral et physique, privées de goûts semblables à ceux des peuples civilisés, par exemple, des Turcs, des Africains ; qu'importe au bien général de la société, la multiplication de ces peuplades stériles pour les autres comme pour elles-mêmes ? Qu'en recevoir ? que leur donner ? qu'apporter, qu'échanger avec elles ? Elles sont comme mortes au monde, et le caractère sacré de l'humanité mis à part, la brute dont la chair nourrit l'homme, dont une autre partie de la dépouille contribue à ses arts, est plus utile à l'humanité que ces êtres revêtus de la figure humaine, et qui ne contribuent en rien à l'utilité de leurs semblables. »

Je ferai d'abord observer à M. de Pradt qu'il n'y a point de peuple sans commerce, même en Turquie, même en Afrique. Les Africains et les Turcs savent fort bien que recevoir et que donner dans leurs échanges. Des armes, des tissus, des montres, des horloges, des meubles, voilà les objets qu'ils demandent ; de l'or, de l'ivoire, de la soie brute, des aromates, voilà ce qu'ils fournissent en retour. Ce commerce faisait jadis l'opulence de Marseille, il est encore important pour la richesse de l'Angleterre. Disons seulement que les Turcs et les Africains, moins avancés en industrie que les peuples de l'Europe, font un commerce moins étendu. Mais n'allons pas jusqu'à ne voir en eux que des êtres à face humaine, qui ne contribuent à l'utilité de leurs semblables, pas même autant que des bêtes de boucherie, et les peaux qu'on en retire.

Considérons à présent la grande question des accroissemens de la population sous un point de vue plus élevé que ne l'a fait M. de Pradt; et gardons-nous, à cet égard ainsi qu'à beaucoup d'autres, de ses principes exclusifs.

Tantôt les progrès de la population sont un avantage, et tantôt un fléau pour un peuple; selon que les moyens de subsister et de pourvoir au bien-être de la vie, suivent ou ne suivent pas l'accroissement de la population. Ainsi, cet accroissement est un bienfait pour l'Angleterre, il est un malheur pour l'Irlande. L'Irlande serait plus riche, plus civilisée, plus heureuse, si l'industrie et le travail s'y multipliaient plutôt que les familles oisives, abruties, qui pullulent sur son territoire. Ne prononçons donc rien d'absolu sur les avantages que présente l'accroissement des populations : consultons avant tout l'état des arts et de la société.

Après avoir parlé de la population, M. de Pradt résume, dans un chapitre spécial, les principaux résultats financiers publiés en 1821 et 1822, par un organe du ministère britannique.

M. de Pradt nous offre, sur les sources du crédit de l'Angleterre, des observations justes en elles-mêmes. Mais il s'exagère la prospérité financière de cette puissance, lorsqu'il prend à la lettre cette déclaration ministérielle, « que jamais la nation ne fut plus en mesure d'embrasser toutes les résolutions exigées par son honneur et par l'intérêt général de l'Europe. » Il n'en reste pas moins démontré que, malgré la sévère économie apportée par degrés, depuis la paix, dans les dépenses des services publics, ces dépenses, jointes à l'intérêt de la dette, sont un énorme fardeau. Si le commerce fleurit, l'agriculture éprouve, depuis la fin de la guerre, une détresse qui n'est pas encore à son terme. J'avoue qu'il me semble prématuré de dire, dès à présent, que jamais l'Angleterre ne fut plus en mesure d'agir au dehors avec efficacité : aussi reste-t-elle oisive.....

Rappelons-nous toujours que l'Angleterre a plus de 700 millions à payer chaque année, comme intérêt de sa dette, avant d'avoir un seul denier applicable aux besoins de l'administration pour l'intérieur, et de la guerre pour l'extérieur. Afin de démontrer la grandeur de la prospérité financière de cet empire, M. de Pradt avance que, depuis 1819 jusqu'en 1823, le gouvernement a remis aux contribuables des sommes qui ne sont pas moindres de 300,000,000. Ce fait est absolument inexact. On en pourra juger par le tableau comparé des dépenses du gouvernement, pendant les quatre années dont il s'agit :

1819.	53,599,276 liv. sterl.
1820.	53,095,877
1821.	53,325,915
1822.	49,968,364
Total...	209,989,432
Pour quatre années comme 1819.	214,397,085

Économie réelle sur 1819, en quatre
   ans. 4,407,472

c'est-à-dire, environ cent dix millions de francs sur quatre ans. Or, je demanderai comment, avec une économie de cent dix millions de francs sur les dépenses, on peut remettre trois cent millions aux contribuables?.... surtout si l'on considère qu'une partie des réductions faites dans la dépense est appliquée à l'augmentation de l'amortissement.

M. de Pradt se livre à des réflexions fort sages sur la comparaison qu'on peut faire entre la modicité de l'impôt territorial en Angleterre, et son énormité en France ; tandis que

l'impôt indirect est, en proportion, beaucoup plus considérable dans la Grande-Bretagne. M. Ganilh, habile économiste,
avait déjà présenté, de la manière la plus lucide, les mêmes
considérations à notre Chambre des Députés. M. de Pradt
aurait dû citer cette autorité recommandable; ne fût-ce que
par reconnaissance.

Dans le chapitre II, consacré au *commerce*, M. de Pradt
reproduit les principaux résultats donnés dans les chapitres
aussi relatifs au commerce, de l'*Etat de l'Angleterre*, ouvrage
traduit deux fois en français; puis analysé dans l'écrit intitulé
Système de l'administration britannique, où nous avons
parlé surtout avec détails du commerce des soieries, des laines, des cotons et des toiles.

« L'Angleterre, dit-il pag. 37, possède un trésor avec les
laines de Botany-Bay, qui surpassent en qualité les plus belles
de la Saxe et de l'Espagne. » Ce sont, au contraire, des laines communes qu'on retire de Botany-Bay. Jusqu'ici d'ailleurs, cette ressource a paru peu de chose. On en jugera
par l'état suivant qui se rapporte à l'année 1819, et que j'ex-
trais des comptes imprimés par ordre de la chambre des communes.

Lainages importés en Angleterre, et tirés des diverses parties du monde. . . . .   13,664,859 liv. pes.
De la Nouvelle-Hollande.   71,290

Par conséquent, les laines de Botany-Bay, au lieu d'être
un trésor, n'ont été jusqu'ici, pour l'Angleterre, qu'un objet
d'une espérance lointaine encore : puisque la totalité des laines tirées de cet établissement n'équivalait qu'à la 191° partie de la quantité fournie par les autres parties du globe.

M. de Pradt exagère la quantité totale du tonnage des na-
vires employés à trafiquer avec les colonies britanniques du
nord de l'Amérique, tonnage qu'il porte à 600,000 tonneaux.
Il exagère pareillement la totalité des produits britanniques

exportés au Canada, en la donnant comme supérieure à la quantité des produits du même genre exportés dans les Indes Orientales.

On voit, en effet, qu'en 1821, les produits de l'industrie britannique exportés donnent les résultats suivans :

Aux Indes Orientales, *cotons et lainages seule-ment.* 2,957,663

Au Canada et dans toutes les autres colonies du nord de l'Amérique (valeur totale).. 1,676,316

Les considérations de M. de Pradt sur l'Inde sont pleines d'intérêt. Il s'agit de l'émancipation future d'une colonie lointaine : l'auteur est là sur son terrain. Il applique aux contrées orientales les principes qui se sont si bien vérifiés dans les contrées occidentales.

Cependant, il me semble que l'auteur va trop loin, lorsqu'il nous dit, par forme de digression : « Un jour, l'Espagne et le Portugal reconnaîtront qu'ils ont *gagné* à perdre ; l'une, l'Amérique, et l'autre, le Brésil. La perte de la souveraineté n'est dommageable que lorsqu'elle est accompagnée de la perte du commerce ; mais quand celui-ci reste, la souveraineté peut s'en aller, surtout à l'égard d'un peuple qui cultive les arts de l'industrie, et qui peut faire recevoir ses produits dans les lieux où l'on a rejeté son autorité...... Ces principes sont certains, etc. »

Qui donc assure à M. de Pradt que l'Espagne et le Portugal, après avoir perdu leurs colonies, en conserveront le commerce ? L'Angleterre, plus avancée en civilisation, ne s'est-elle pas emparée déjà de ce négoce, par la force naturelle, nécessaire et durable de son industrie mercantile ? C'est une perte absolue, et sans compensation, pour le Portugal et pour l'Espagne. Sans doute, il n'en faut pas conclure que, pour éviter cette perte, l'Espagne et le Portugal doivent épuiser l'or et le sang de la mère-patrie ; mais, c'est aussi pousser trop loin l'enthousiasme des émancipations, que de nous présenter, *comme un gain*, des pertes de cette nature.

Ce qui a pu tromper M. de Pradt sur l'avantage prétendu que trouvent *infailliblement* les métropoles à perdre leurs colonies, c'est l'exemple de l'émancipation des colonies anglo-américaines, dont la confédération forme aujourd'hui les États-Unis. Mais la plupart des causes qui tendaient à faire conserver à la Grande-Bretagne la majeure partie de son commerce avec ces anciennes colonies, n'existent pas pour d'autres mères-patries, et surtout pour l'Espagne, non plus que pour le Portugal. En effet, les produits d'industrie de ces deux contrées ne sauraient soutenir une libre concurrence avec ceux de l'Angleterre, de la France, de l'Allemagne et de l'Italie (1).

M. de Pradt termine son chapitre V, *Des colonies*, par d'importantes réflexions sur les rapports de la prospérité industrielle de l'Angleterre avec l'excellence de ses institutions.

Il consacre ensuite un chapitre de quatre pages moins quatre lignes à l'examen de la force navale de la Grande-Bretagne ; examen qu'il réduit à des assertions tranchantes dont plusieurs sont susceptibles d'être réfutées, mais sur lesquelles nous ne voulons pas même arrêter l'attention du lecteur. Nous nous contentons de renvoyer à l'ouvrage intitulé : *Force navale de la Grande-Bretagne.*

____

(1) Si l'on veut connaître les véritables causes qui militent pour que les métropoles retiennent une portion plus ou moins grande de leur commerce avec leurs colonies émancipées, il faut lire deux beaux mémoires écrits par M. de Talleyrand, après son voyage aux États-Unis, et publiés dans les *Mémoires de l'Institut national de France*, il y a vingt-quatre ans.

M. de Pradt consacre à l'examen et à l'étude de la force militaire de la Grande-Bretagne un chapitre de quatre pages moins cinq lignes ; c'est-à-dire, plus court d'une ligne que le chapitre relatif à la force navale, qu'il regarde avec raison comme plus importante et méritant un plus long développement. Il y a peu de faits et beaucoup d'erreurs dans le chapitre qui traite de l'armée ; nous n'en citerons que trois exemples.

« L'état émané du bureau de l'*aide-de-camp général* du généralissime de l'armée anglaise, le duc d'York, dit M. de Pradt, portait, en 1815, le nombre total de ces troupes à 300,000 hommes. »

Il n'y a point d'aide-de-camp général du généralissime de l'armée anglaise, et la force qu'on assigne à cette armée est trop considérable de 60,000 hommes. Dans le premier volume de la *Force militaire de la Grande-Bretagne*, où l'on a cité, d'après l'état de l'adjudant-général du commandeur en chef, l'effectif de l'armée anglaise au 25 décembre 1814, il n'était alors que de 241,166 hommes. En décembre 1815, il était moins considérable encore ; et depuis lors, on n'a pas cessé de le réduire, jusqu'en 1821.

Aujourd'hui, cet effectif est encore d'à peu près 90,000 hommes ; la réduction, réellement opérée depuis décembre 1814, ne peut donc être que de 150,000 hommes, et non pas de 300,000 hommes, ainsi que le rapporte M. de Pradt, d'après l'*Etat de l'Angleterre en 1821*. Comment, d'ailleurs, un effectif de 300,000 hommes, après une réduction de 300,000, présenterait-il encore un restant qui surpasse 80,000 hommes ?.....

M. de Pradt se trompe également sur l'armée britannique de l'Inde, qu'il porte à 22,000 Européens anglais,

et 120,000 Indiens.

(26)

D'après l'état des forces de cette armée, soumis à la chambre des communes, en mars 1819, il y avait dans l'Inde

30,253 Européens sous les armes,
183,201 Indiens.

Total. 213,454
Au lieu de 142,000.

Ainsi M. de Pradt s'est trompé de 71,454 hommes sur la force des troupes britanniques de l'armée indienne.

M. de Pradt, dans le chapitre IX, pour donner une idée des libertés récemment accordées au commerce extérieur de la Grande-Bretagne, rapporte de longs extraits du compte rendu par le ministère anglais, en 1822. M. de Pradt attribue à l'Angleterre l'honneur d'avoir fait les premiers pas dans cet affranchissement de l'industrie mercantile exercée de nation à nation. Il me semble que c'est aux États-Unis qu'appartient cet honneur. Les premiers, dans ces tems modernes, ils ont réclamé de telles libertés ; ils les ont réclamées en se servant tour-à-tour des armes de la raison et des armes de la force physique. Ce n'est pas à la bénévole concession faite par la Grande-Bretagne, c'est aux succès éclatans obtenus par les Américains, dans la dernière guerre qu'ils ont soutenue pour repousser l'oppression de la marine anglaise, qu'ils ont dû de pouvoir librement trafiquer avec l'Indostan. Ajoutons, d'ailleurs, qu'il est très-vrai que, depuis plusieurs années, les hommes d'état qui dirigent les intérêts législatifs et politiques du commerce anglais ont manifesté des idées équitables, grandes, et bien supérieures à celles de l'immense majorité des fabricans et des marchands anglais.

Un chapitre abondant en belles considérations est celui des six Angleterres, dans lequel M. de Pradt examine l'influence que la nation britannique exercera sur le globe, par ses lois, ses institutions, ses mœurs, son industrie et ses lumières. Il

envisage les progrès obtenus déjà , et surtout les progrès futurs des trois royaumes, relativement à l'Europe ; des États-
Unis et des Canadas, relativement à l'Amérique ; de la colonie
du Cap, relativement à l'Afrique ; de l'Indostan , relativement
à l'Asie orientale ; enfin, de la Nouvelle-Galle , relativement
à l'Australasie.

Les chapitres XII et XIII, qui ne devraient pas être dis-
joints par une digression étrangère , montrent, d'une part,
comment le continent européen peut résister à l'Angleterre et
se donner action sur elle, en la frappant dans son commerce ;
de l'autre part, comment l'Angleterre peut réagir sur le continent, pour le maintien de l'équilibre politique , par l'appui
qu'elle prête aux faibles, en leur donnant le moyen de résister aux puissans. Ces deux chapitres présentent beaucoup de
vues brillantes et profondes , qu'on est fâché de voir obscurcies
par quelques erreurs.

Le pouvoir de l'Angleterre est nul à l'égard de tous les états
méditerranées, dit M. de Pradt. Sans doute, mais celui de ces
états est nul aussi sur elle. Non , direz-vous , car ils peuvent la
priver de leur commerce. Eh bien ! en se conduisant ainsi , ils
se privent eux-mêmes du bénéfice qu'ils retiraient d'un tel
commerce , dans le but de priver d'un égal bénéfice le peuple devenu l'objet de leur aversion. J'y vois seulement cette
différence , que l'Angleterre a bien plus de moyens pour for-
cer toutes les barrières anti-mercantiles des peuples du continent européen, que ces peuples n'en ont pour franchir, en
contrebande, les mers qui les séparent de la Grande-Bretagne.

Comment se fait-il que M. de Pradt range la Prusse et l'Autriche parmi les états méditerranées ? ne sont-ce pas aujour-
d'hui des états limitrophes de la mer ? et peut-on dire de ces
contrées : « Là , il n'y a rien à bloquer, à bombarder, à captu-
rer, aucun point de contact n'existe entre ces contrées et l'An-

gleterre ; et si les bataillons des unes ne peuvent pas aller en Angleterre, les vaisseaux de l'Angleterre ne peuvent pas davantage aller dans ces contrées » (pag. 113).—La Prusse a des ports importans et nombreux dans la Baltique. L'Autriche possède aujourd'hui tout le littoral de l'Adriatique, depuis la marche d'Ancône jusqu'à Venise, et depuis Venise jusqu'aux bouches du Cattaro.

Quant aux états intérieurs de l'Allemagne, la liberté de la navigation du Danube, de l'Elbe et du Weser n'est-elle pas à la fois garantie par les traités et par l'intérêt de tous les peuples riverains ? L'Angleterre, en remontant ces fleuves, n'arrivera-t-elle pas toujours jusqu'à la frontière du peuple le plus reculé dans le centre de l'Europe ? ne sera-t-elle pas en cela favorisée par tous les peuples qui gagneront sur le transit (1)?

Nous croyons aussi que M. de Pradt se trompe, quand il dit, pag. 117 : « Les choses en sont au point que l'Angleterre ne pourrait pas soutenir directement le pays avec lequel elle entretient une espèce de pacte de famille, le Hanovre. *Il lui faut un transit accordé pour pouvoir y aborder.* »

Tout en concédant à M. de Pradt, que l'Angleterre seule ne pourra pas faire la guerre contre la Russie, et à plus forte raison contre la Sainte-Alliance, il me semble qu'on doit convenir que cet auteur diminue trop l'influence de la Grande-

(1) Voici ce que nous avons dit à ce sujet dans *l'Examen du Système de l'administration britannique*, p. 114 : « En Allemagne, des lois prohibitives ont frappé plusieurs produits de l'industrie britannique. L'Angleterre n'a pas réclamé contre ces lois, que la contrebande se chargea de rendre inexécutables! Les Anglais portent, à présent même, pour 255 millions de francs de marchandises, dans l'intérieur de l'Allemagne. Plusieurs états germaniques tirent une partie de leur revenu, du transit de ces marchandises; ils ont, par conséquent, un intérêt direct à l'accroissement des ventes faites par l'Angleterre.

Bretagne, comme force militaire et comme force navale , dans la mer Noire et dans la Baltique. Il donne aussi beaucoup *trop peu* d'influence pour l'avenir, aux finances de l'Angleterre, sur la création des résistances destinées à combattre les projets futurs de la Russie. Sans doute , un subside ne fera pas entrer sans motif une puissance secondaire dans une lutte imprudente contre un si formidable empire. Mais, quand ce même empire menacera l'une de ces puissances , l'Angleterre pourra fournir à celle-ci des subsides qui lui permettront de commencer sans retard une résistance vigoureuse , et de toutes parts.lui procurera des alliés, en leur donnant les seules ressources qui leur manquent souvent pour entrer dans une lutte dont ils ont d'avance épousé les intérêts.

§ II. De la Russie.

La marche de M. de Pradt au sujet de la Russie est très-différente de celle qu'il suit au sujet de l'Angleterre. Pour cette dernière puissance , les matériaux officiels sont publics, abondans, et faciles à recueillir ; aussi M. de Pradt en a-t-il fait un grand usage. Il n'avait point les mêmes ressources pour la Russie , et il s'est borné le plus souvent à des aperçus et à des généralités. Nous allons tâcher d'y substituer des faits, et d'être plus précis dans nos raisonnemens.

Nous ne suivrons ni M. de Pradt ni d'autres publicistes dans leurs réflexions sur l'influence que peut avoir le caractère personnel des souverains de l'Europe, et particulièrement du monarque qui régit aujourd'hui l'empire de Russie. Nous n'aborderons pas même le sujet, si important pour nous , de la politique occulte ou patente du cabinet de Saint-Pétersbourg, à l'égard des peuples de l'Asie et des peuples de l'Europe. Trop de mystères nous dérobent encore la connaissance de la vérité, sur des intentions déguisées avec tout le secret que peut garder un gouvernement absolu; trop de passions entraînent à présent les hommes dans les sens les plus opposés, pour trouver dans leurs conjectures, dans leurs pressentimens et dans leurs assertions, les lumières qui nous manquent encore. Depuis 1814 jusqu'à ce jour, les amis et les ennemis des libertés constitutionnelles ont tour à tour espéré de compter sous leurs bannières l'empereur Alexandre; ils se sont vantés publiquement de son appui; ils ont cité tantôt ses paroles, tantôt celles de ses ambassadeurs, ou de ses ministres ou de ses conseillers intimes. Laissons au tems à dévoiler la vérité. Contentons-nous de rappeler aux hommes de tous les rangs, sans excepter le rang suprême, que l'état moderne de la civilisation, le progrès des idées et l'amélioration des mœurs réclament également, pour les nations, un ordre politique où le prince trouve, à la fois la sécurité, la puissance et la gloire, où le peuple trouve en même tems la justice, les sages libertés, les durables garanties, et les moyens de donner à son instruction comme à son industrie tout le développement, toute la perfection où le génie de l'homme puisse atteindre.

Un roi même a reconnu, par des paroles pleines de dignité, ces besoins de l'état social, dans le préambule de la loi fondamentale qu'il a donnée à son peuple : « Nous avons dû apprécier les effets des progrès toujours croissans des lumières, les rapports nouveaux que ces progrès ont introduits dans la société, la direction imprimée aux esprits depuis un demi-siècle, et les graves altérations qui en sont résultées : *nous avons reconnu que le vœu de nos sujets, pour une charte constitutionnelle, était l'objet d'un besoin réel.* » PRÉAMBULE *de la* CHARTE.

L'histoire placera parmi les bienfaiteurs du genre humain, les princes qui comprendront *ces besoins réels* de l'époque où nous vivons.... Contentons-nous de rappeler cet avenir à la pensée des souverains. Éveillons, au fond de leur conscience, un juge plus libre et non moins sévère que l'historien le plus intègre. Sans emprunter des paroles indiscrètes au blâme ni à l'éloge, sachons faire taire les adulations du courtisan et les satires du calomniateur ; c'est en ce sens que le silence des peuples est la leçon des rois.

Un spectacle, qui ne saurait avoir pour nous d'illusions ni de mensonges, c'est l'état social d'un empire dont la grandeur, toujours croissante, est un sujet d'alarmes pour les uns, d'espoir pour les autres, d'inquiétude et d'attention pour tous.

Voyons donc à quel degré se trouve aujourd'hui parvenue la civilisation de la Russie. Que fait-elle pour accroître ses lumières et développer son industrie, pour améliorer le sort des habitans et leur état civil, pour augmenter et régulariser la force publique ? Quand nous posséderons bien ces données, nous saurons ce que l'Europe doit espérer ou redouter de l'influence moscovite, sur la destinée des autres états.

Presque toujours les hommes, dans leurs jugemens, restent en arrière de l'état présent des nations. A chaque époque, l'opinion généralement formée à l'égard d'un peuple, se compose d'une longue suite de faits, d'idées, de souvenirs, qui tiennent la plupart à des événemens passés, à des générations qui ne sont plus, à des influences affaiblies, à l'ancien état d'une civilisation qui n'est pas restée stationnaire. Ainsi les peuples qui les premiers captivent la renommée par leurs arts, ou leurs lumières, ou leurs forces, conservent long-tems une réputation prépondérante ; ils en jouissent, alors même qu'ils sont de beaucoup descendus au-dessous de leur propre renommée, et que des peuples rivaux, moins célèbres, mais déjà dignes de l'être davantage, les ont beaucoup devancés.

Ces observations s'appliquent en partie aux nations qui composent l'immense empire des Czars.

La Russie, il n'y a qu'un siècle, était à peu près bornée aux territoires occupés par la race moscovite, qui se confondait alors, dans l'esprit de tous les hommes, avec la race slavonne, et dont les mœurs rappelaient les Scythes, les Parthes, les Huns, et tous ces fléaux du genre humain, qui causèrent, à tant de reprises, les malheurs de l'Europe civilisée.

Un grand homme s'élève au milieu de ces barbares. Il imprime à tous ses peuples une puissante impulsion, qui survit à son règne; il apprend la discipline à leurs hordes, et l'industrie à leurs bourgades; il conquiert des provinces déjà civilisées, et bâtit sa nouvelle capitale aux environs de ces provinces.

Par degrés, la force militaire de l'empire moscovite s'affermit; elle se signale à chaque génération par des conquêtes de plus en plus importantes. Les unes s'étendent, à travers les solitudes de l'Asie, jusqu'aux frontières de la Chine, de la Perse et de la Turquie; les autres embrassent les plus belles provinces de la Suède et de la Pologne. Ces dernières acquisitions ont accru considérablement la partie policée de l'empire.

A présent nous pouvons apprécier des erreurs européennes, qui maintiennent encore les peuples les plus éclairés, dans leurs fausses opinions sur des états éloignés. La Russie ne saurait se présenter à notre esprit, sans y faire naître aussitôt le souvenir repoussant des barbares du Nord. Cependant, les hommes du nord de la Russie sont beaucoup plus civilisés qu'une grande partie des habitans du midi de cet empire et du sud des états d'Autriche. Ce sont des hommes que la Suède, la Pologne, ou la Hanse teutonique, ont comptés parmi leurs citoyens, et qui, depuis la conquête, ont gagné beaucoup en industrie, en richesses, en lumières.

Au centre même de l'empire, Moscou, l'antique métropole, et les sept gouvernemens qui l'entourent, loin de présenter l'aspect d'une contrée barbare, sont peut-être les districts les plus avancés en civilisation, entre toutes les provinces de la Russie. Les arts utiles, et même les beaux-arts, y fleurissent. Là, l'industrie déploie son activité, que le commerce double encore. Les lettres et les sciences sont cultivées sur les bords de la Moskwa ; la philosophie de Newton, les théories des La Grange, des Laplace et des Lavoisier, sont enseignées dans le sein des gymnases et des académies de l'ancienne capitale et des grandes villes de l'empire. A Moscou comme à Pétersbourg, les chefs-d'œuvre de Corneille, de Racine et de Voltaire sont reproduits sur la scène, dans la langue même de leurs auteurs, et joués en langue moscovite sur le théâtre national. La peinture et la sculpture embellissent les monumens d'une architecture somptueuse et par-fois élégante ; ce luxe des beaux-arts atteste les progrès de la haute classe, vers la civilisation. Un sénateur de Russie nous a donné l'histoire de la musique, ainsi que l'histoire de la peinture en Italie ; et cette histoire, écrite en langue française, est surtout remarquable par l'aménité des sentimens et la noblesse des pensées. Tels sont les plaisirs et les études auxquels se livrent les grands, dans l'empire des Czars.

C'est au loin, vers l'orient et vers les frontières du midi, qu'il faut s'avancer pour trouver les peuplades barbares ; c'est aux lieux dans lesquels vivent les tribus tartares et nomades encore ; c'est par-delà la Tauride, ou plus près de la Turquie ; c'est au pied du Caucase ou vers les confins de la Chine.

Mais, dans cette partie même, l'habitant est pour jamais guéri du préjugé qui fit de ses ancêtres, les Huns et les

Alains, le fléau des nations civilisées ; il conçoit l'avantage et les bienfaits de l'instruction, et chérit les arts productifs. Des écoles d'enseignement mutuel sont établies sur les deux rives du Don et du Volga, sur les bords de la mer Noire et de la mer Caspienne, ainsi que sur les bords de la mer Glaciale, et dans le cœur de la Sibérie, comme sur le plateau de la haute Tartarie. Des Cosaques ont compris ce que ne veulent pas comprendre, au milieu de la France, les hommes opiniâtrément attachés par leurs préjugés à d'antiques et mauvaises méthodes ; ils exigent que leurs enfans apprennent à lire, à écrire, à compter ; ils se forment à des professions nouvelles, et par degrés améliorent les pratiques imparfaites qu'ils avaient suivies jusqu'à ce jour, dans chaque genre de métiers.

Une invention récente contribuera puissamment à la prospérité de la Russie orientale : c'est l'invention des bateaux à vapeur. Durant l'été, cette vaste contrée n'offre guère au commerce d'autres routes économiques que les fleuves et les principales rivières. Il a fallu jusqu'à présent un tems considérable pour parcourir ces rivières et ces fleuves, et surtout pour les remonter, dans les parties où leurs rives ne présentent pas de chemins de halage. L'usage des bateaux à vapeur rendra donc à la Russie orientale, les mêmes services qu'aux États-Unis d'Amérique. Il donnera au commerce une activité nouvelle ; il permettra d'établir des bourgades et des cités, en des lieux auparavant déserts ; il enrichira et multipliera la population ; il imprimera un mouvement extraordinaire à l'agriculture, ainsi qu'à toutes les autres branches de l'industrie. Le récit de ces bienfaits, encore inoui dans l'occident de l'Europe, n'y peut pas même être soupçonné ; tandis que nous sommes frappés d'admiration par les brillans récits de services pareils rendus aux Anglo-Américains, par le nouveau mode de navigation fluviale et maritime.

Ajoutons que ces bienfaits seront d'autant plus grands, que

des travaux nombreux ont établi, par un système de canaux et de rivières, la communication de la Baltique, de la mer Noire, de la mer Caspienne et de la mer Blanche.

On compte aujourd'hui plus de 45 millions d'habitans dans l'empire de Russie; 40 millions peuplent la partie européenne, où domine la civilisation ; cinq à six seulement sont dispersés sur l'immense étendue de l'Asie septentrionale. Si l'on ôtait de la Russie ces cinq millions de sujets, et qu'on la comparât à l'Autriche, c'est cette dernière puissance qui semblerait la moins civilisée.

En Russie, l'esclavage existe encore, comme en Hongrie, en Galicie, en Croatie, et dans beaucoup d'autres provinces autrichiennes. Mais le progrès des mœurs, et l'instruction généralement répandue chez les seigneurs, adoucissent beaucoup cet esclavage. Avec la permission du maître, les esclaves peuvent acquérir, posséder et transmettre des meubles et des immeubles. Les communes soumises au servage, traitent avec leur seigneur pour la redevance en nature ou en main-d'œuvre ; et cette redevance une fois acquittée, la population reste libre d'employer pour elle-même toute son industrie. Cette industrie produira, chez les Russes, ce qu'elle a produit chez tous les peuples de l'Europe moderne : elle donnera aux habitans qui sont soumis encore au joug du servage, le désir et les moyens d'acheter leur indépendance. Ainsi, par degrés, tous les Russes acquerront le bien-être inestimable de la liberté individuelle. Déjà même, dans quelques provinces du nord, les seigneurs ont affranchi leurs serfs, moyennant une redevance solennellement établie. L'empereur favorise cette grande amélioration de l'état social : c'est un des plus beaux titres de sa gloire.

La liberté individuelle répand tous ses bienfaits dans les villes; leurs habitans ont des droits politiques dont ne jouissent pas les habitans du reste de l'Europe. Dans presque toute l'étendue de la Russie, les juges des diverses juridictions sont nommés par les citoyens. La noblesse élit une partie de ces juges, et la bourgeoisie élit l'autre. Cela fait qu'en ces contrées la justice est nécessairement populaire, attentive, et modérée dans ses rigueurs : comme doit l'être toute magistrature élue par les citoyens mêmes, pour administrer leurs propres intérêts et concilier leurs différens. La Russie jouit donc d'un des élémens les plus précieux du bonheur de la vie civile, d'un élément qui manque à la plupart des nations de l'Europe civilisée, un pouvoir judiciaire au choix des citoyens ; ce qui compense, en partie, les graves inconvéniens d'un gouvernement autocratique.

Voyons maintenant quelles sont l'étendue et la stabilité de la puissance moscovite.

La Russie n'a reçu le titre d'empire que sous le règne de Pierre-le-Grand; mais elle était depuis long-tems une puissance conquérante, digne de l'attention des hommes d'état. Pierre, avons-nous dit, y fonda la discipline militaire. Il y transporta l'art moderne de la guerre, et par-là prépara tous les aggrandissemens qu'a reçus la puissance à laquelle il a donné tant d'éclat.

Catherine-la-Grande a maintenu dans leur vigueur les institutions et les lois militaires. Elle a fait plus, elle a créé des lois civiles appropriées aux besoins, ainsi qu'à la nature de son vaste empire.

Sans revenir sur ce que nous avons dit au sujet de la civilisation, ajoutons que, depuis un siècle, la Russie a conçu, dans toute leur étendue, les besoins et les avantages de ce progrès de l'état social. Depuis cette heureuse époque, elle a fait des pas immenses dans la carrière des perfectionnemens. Lorsque Alexis, le père de Pierre-le-Grand, monta sur le trône, l'état politique de la Moscovie n'était guère plus avancé que celui de la France au tems de Charlemagne. Quand le fils d'Alexis atteignit le terme de sa carrière, une vaste portion de territoire ajoutée à ses états héréditaires, des villes nouvelles et des colonies d'étrangers, fondées par son génie créateur, présentaient déjà toute la civilisation d'une grande partie des peuples germaniques.

Ce qui me paraît surtout mériter une profonde méditation, c'est l'esprit du gouvernement russe, envisagé dans ses rapports avec le grand art d'assimiler à l'empire les populations envahies. Depuis Rome, dont les lois semblent avoir été faites pour la conquête du monde, aucun pays ne fut constitué, comme l'est la Russie, pour étendre et surtout *pour garder* ses conquêtes.

La Russie s'étant vue destinée, ainsi que le fut Rome antique, à composer son empire d'une foule de nations différentes de religion, de mœurs et de langage, elle s'est imposé cette règle, de laisser à chaque peuple toutes les idées qui lui sont plus chères que l'existence politique. Ainsi, tous les cultes sont également tolérés, disons plus, ils sont également protégés; leur exercice est public et paisible, dans les parties de l'empire où vivent à la fois des hommes de diverses croyances. Ces cultes ont chacun leurs temples, leurs autels et leurs ministres. Dans Pétersbourg, par exemple, s'élèvent les églises de la religion grecque, de la religion juive, de la religion romaine, de la religion protestante, avec toutes ses variétés de luthéranisme, de calvinisme, etc. Dans les provinces du sud, l'islamisme est librement professé par les peuples qui suivaient la loi de Mahomet, avant qu'ils fussent soumis à la Russie. Dans l'orient, il existe encore des peuplades idolâtres, et le gouvernement ne persécute point leur idolâtrie. Il sait qu'avec l'aide du tems et par le progrès des lumières, les hommes s'élèvent d'eux-mêmes à des croyances plus épurées, à des cultes plus convenables à notre nature, et moins indignes de la majesté de l'Éternel.

La Russie ne cherche point, par des moyens violens, à faire oublier aux peuples conquis la langue de leurs pères, cet héritage intellectuel auquel se rattachent tant de doux souvenirs et de vertus héréditaires ! Le gouvernement se confie dans l'action insensible, mais sûre, de ses rapports obligés avec les hommes de toutes les provinces, et dans l'intérêt de ces hommes à connaître la langue du vainqueur, surtout quand ce vainqueur avance à grands pas sur les voies de la civilisation. A ces causes viennent s'ajouter encore toutes celles qui naissent du rapprochement d'hommes tirés de nations diverses, et réunis dans les mêmes camps sous les mêmes drapeaux; enfin, tous les motifs d'ambition, d'espoir de fortune ou privée ou publique, qui portent tôt ou tard les vaincus à connaître, et finalement à n'employer que la langue du vainqueur.

La Russie a pareillement permis à chaque peuple de conserver ses coutumes et ses mœurs. Elle a laissé les Tartares combattre comme ils le faisaient dès le tems des Parthes et des Scythes. Elle s'est contentée de former des corps d'élite dans cette cavalerie irrégulière, de les placer dans les rangs de la garde impériale, de les offrir comme un modèle aux pulks barbares, qui par degrés ont appris tout ce qu'ils ajouteraient à leur force par la discipline et par l'exercice.

Aujourd'hui, dans l'Ukraine et sur les bords du Don, 40,000 Cosaques sont organisés en cavalerie régulière de lanciers, et en autres corps légèrement armés, ayant avec eux de l'artillerie légère bien montée et bien servie. Cette immense cavalerie, prête à marcher en masse au premier signal, vit campée sur un territoire qui suffit à son existence.

L'enthousiasme militaire est la passion dominante de ces

peuplades, qui, jusqu'à ce jour, n'ont pu connaître d'autre source d'illustration que la gloire des combats. Lorsqu'en 1812 l'armée française eut pénétré dans l'intérieur de la Russie, cette cavalerie tartare se leva comme un seul homme ; elle prit sa marche, au cœur d'un affreux hiver, acharnée à sa proie et poursuivant sans pitié les victimes d'un climat dévorateur. « Compagnons, s'écriaient-ils entre eux, s'indignant de la vaillance de nos soldats, au milieu de leur misère et de leur dénuement, Compagnons ! quelle honte pour nous, si nous laissons ces squelettes se lever de leurs tombeaux et s'échapper de nos mains ! » Et ils se précipitaient sur les débris de nos phalanges, avec une nouvelle furie. Voilà l'appui que la Russie trouve, au besoin, dans la partie la moins civilisée de sa population.

Le dévouement des provinces européennes conquises par la Russie n'est pas moins prononcé. En Pologne même, où le souvenir d'une antique et puissante aristocratie, laisse à la classe supérieure de la société des regrets et des souvenirs douloureux, lorsque les habitans comparent leur état social à celui des Polonais soumis aux puissances germaniques, ils doivent s'estimer fortunés.....

L'empereur Alexandre a rendu la capitale de l'ancienne Pologne le siége d'un gouvernement représentatif, objet des vœux et de l'attachement d'une génération civilisée. C'est encore un exemple des sacrifices que la Russie sait faire à l'esprit du siècle, ainsi qu'aux penchans des peuples associés à son empire.

Pénétrons-nous bien de cette triste mais irrécusable vérité, que personne encore n'a révélée à l'Europe : depuis la Baltique jusqu'à l'Adriatique, depuis les bouches du Cattaro jusqu'à l'embouchure de la Vistule, le malheureux système qu'ont adopté les grandes puissances germaniques, porte, par un attrait irrésistible, les habitans d'une immense zone de provinces, à tendre les bras vers la domination moscovite.....

La Germanie n'a qu'un moyen d'échapper à la grandeur d'un tel péril : c'est d'imiter la Russie dans la profondeur de ses vues, et dans la générosité de ses mesures envers les peuples gouvernés ; c'est de leur laisser l'idiôme paternel ; c'est de leur donner la liberté religieuse dans toute son étendue, et la liberté municipale sans aucune restriction ; c'est de rendre l'indépendance et la dignité aux diétines des provinces, et de les rallier toutes par le lien plus fort encore d'une grande représentation nationale. Alors, et seulement alors, les peuples dont nous parlons pourront éviter le danger imminent qui s'est formé sur leur tête.

Déjà la Prusse a compris une partie des vérités que nous venons d'énoncer. L'ami des nations européennes doit s'en réjouir avec sincérité, tout en s'affligeant de la lenteur de ces améliorations, auxquelles la sécurité de l'Europe entière est intéressée.

Je n'ai pas encore exposé dans toute son étendue le péril qui menace et l'Europe et l'Asie, vers l'occident, l'orient et le midi. Il faut parler d'une conception gigantesque, et qui, dès à présent, a pris un accroissement qui surpasse toute croyance.

Les Autrichiens ont les premiers donné l'exemple des colonies militaires, en attachant au territoire dix-huit régimens de race slavonne, le long de leurs frontières de Turquie. Ces régimens ayant même origine, même religion et même langage qu'une grande partie de la nation russe, passeront tôt ou tard du côté de cet empire ; ils ajouteront à la force colonisée, dont nous allons expliquer l'organisation et montrer l'étendue.

L'empereur Alexandre a conçu la pensée de fonder, dans les diverses parties de son empire, des colonies ou plutôt des *castes militaires.* Là , tous les enfans mâles naîtront soldats ; ils passeront sous les drapeaux dès l'âge de quinze ans ; ils y resteront enrôlés jusqu'à l'âge de soixante ans. En devenant soldats, ils cesseront d'être esclaves, suivant la loi moscovite. Par là, l'état militaire, qui chez d'autres peuples est regardé comme un tems de servitude, deviendra pour eux le double bienfait de l'affranchissement et de la gloire.

Le monarque prend, sur les domaines de la couronne, les terres nécessaires à l'établissement et à la subsistance des régimens colonisés. En récompense des terres ainsi concédées , ces guerriers doivent se nourrir et s'entretenir eux-mêmes, ainsi que leurs chevaux, tant qu'ils ne seront pas commandés pour des expéditions qui leur fassent quitter leur pays. A ce moyen, des armées entières, des armées innombrables, seront tenues sur pied, durant la paix, sans entraîner le trésor public dans aucune dépense.

La solde de ces corps commencera seulement quand ils seront appelés hors de leurs colonies respectives ; cette solde aura toute la modicité dont peut se contenter un peuple neuf, sans besoins et sans luxe.

Ces populations militaires où tous, sans exception, porteront les armes, s'exerceront sans cesse. Elles conserveront leur esprit guerrier, comme les stations de l'empire romain, au tems le plus redoutable de ses conquêtes.

Quand ce projet aura reçu son exécution, l'empire comptera *trois millions de mâles,* dans les colonies militaires. C'est donc parmi ces trois millions que l'Autocrate de toutes les Russies pourra faire marcher, par un simple ukase, tous les individus, depuis quinze ans jusqu'à soixante, c'est-à-dire, au moins *quinze cent mille combattans.*

Dès à présent, 40,000 cavaliers sont ainsi colonisés ; une seule colonie, établie non loin de Pétersbourg, près de Novogorod, compte 70,000 combattans. Le total de la caste militaire, déjà constituée, est de 400,000 soldats.

En attendant que cette effrayante conception soit conduite à son dernier terme, la conscription, établie sous le règne de Catherine, sert à recruter l'armée dont les cadres comprennent plus de 800,000 hommes.

Cette conscription cessera par degrés, à mesure que la colonisation militaire fera des progrès ; elle sera tout-à-fait abolie, quand on aura complété la caste militaire.

Mais les troupes de la Russie ne sont pas seulement redoutables par le nombre ; elles le sont par la vaillance, par l'impétuosité dans l'attaque, et par l'inébranlable fermeté dans la retraite. Ce fut un spectacle extraordinaire et digne d'admiration de voir, durant l'invasion si brillante d'abord de l'armée française, les troupes d'arrière-garde des Russes, forcées de céder le terrain à l'héroïsme français, ne le céder jamais sans résistance opiniâtre; se présenter, chaque soir, en ordre de bataille, à l'endroit choisi pour leur halte, et chaque matin, repartir avec leurs canons et tous leurs équipages, sans que leurs pertes pussent jamais les porter à se débander.

Tout en admettant l'incontestable puissance de la Russie pour défendre son propre territoire, on dispute sur sa puissance aggressive. On se fonde sur la pénurie où se trouverait cet empire, s'il était obligé de subvenir seul aux dépenses d'une guerre offensive et prolongée. On juge toujours de la Russie par ce qu'elle était il y a cent ans, ou du moins, par ce qu'elle était il y a cinquante ans ; et depuis vingt années seulement, la Russie a fait un demi-siècle de progrès. Toutes les sources de richesses coulent chaque jour, avec une abondance nouvelle, dans les canaux industriels de cet empire.

Dès à présent, le nombre des manufactures de la Russie

surpasse 3,700; le capital employé au commerce, d'après la déclaration même des commerçans, est de 317,668,000 roubles. Le montant des seuls impôts de la capitation et des boissons, s'élève à 169,350,000 roubles. D'après ces seuls documens, je le demande, peut-on regarder la Russie comme n'ayant que de faibles moyens pécuniaires!...

L'agriculture étonne par la grandeur et la rapidité de ses accroissemens, dans le nord et dans le midi de l'empire. Au dedans, au dehors, le commerce, suit le même développement.

La Russie a peu de grandes routes, il est vrai, dans l'intérieur de ses immenses provinces. Elle en établirait difficilement, parce que l'abondance des neiges, leur long séjour sur la terre et les dégâts du dégel, rendraient impraticables les voies publiques, durant une grande partie de l'année; tandis qu'il faudrait d'énormes dépenses pour jouir de ces voies publiques, durant un petit nombre de mois.

Mais en hiver, la neige même qui couvre les champs, et la glace qui couvre les fleuves, les lacs et les mers, permettent ou plutôt facilitent un immense commerce, par un transport qui se fait avec une extrême rapidité. En été, les grands fleuves, réunis par des canaux, permettent, ainsi que nous l'avons expliqué, de transporter les produits de l'agriculture et de l'industrie, des bassins dont les eaux se réunissent à celles de l'Océan septentrional, de la mer Blanche ou de la Baltique, dans les bassins dont les eaux se réunissent à celles de la mer Noire ou de la mer Caspienne.

La Russie s'est rendue maîtresse de la navigation de la mer Caspienne, où les Persans osent à peine se montrer; elle domine dans la mer Noire, et tout la porte à s'emparer de l'issue de ce riche bassin.

Deux des plus plus beaux fleuves de l'empire moscovite versent leurs eaux dans la mer Noire. Un territoire immense se rattache de la sorte, dans la Russie, au bassin de cette mer. La fertilité de ce bassin est si grande, que les produits de l'agriculture y surpassent de beaucoup les besoins de la consommation. Cet excédant de production s'accroît chaque année. Les peaux et la toison des troupeaux de la Tartarie, de l'Ukraine et de la Moscovie, sont aussi des objets d'exportation de plus en plus recherchés.

On pourra juger de la prospérité de ce commerce et des richesses qu'il répand sur sa route, malgré les entraves dont nous allons bientôt parler, par le seul tableau des accroissemens d'Odessa, l'un des ports de la mer Noire, au débouché du Don, et de la mer d'Azof.

En dix années seulement, M. le duc de Richelieu, gouverneur d'Odessa, a vu la population de cette ville s'accroître de 5,000 à 35,000 habitans; celle de son gouvernement s'est accrue d'un million d'habitans. Odessa compte aujourd'hui plus de 40,000 individus, Russes, Allemands, Italiens, Français, Juifs, Polonais, et surtout Grecs. Il y a, dans cette ville, un théâtre français, un théâtre italien et un théâtre grec; il y a des écoles de droit, de navigation et de commerce.

Si, nouvel Épiménide, Anacharsis pouvait sortir d'un sommeil de vingt siècles, et se retrouver tout à coup devant Odessa, sur les rives du moderne Euxin, il croirait n'avoir point quitté les bords de l'antique Hellespont; il verrait les ordres de l'Ionie, de Corinthe et de la Doride, embellir les portiques des temples et des palais; il reverrait le Musée, l'Académie et le Lycée, ouverts à l'instruction du jeune âge, au perfectionnement de l'âge mûr. Dans l'enceinte du théâtre, il entendrait les beaux vers de Sophocle et d'Euripide, récités par les enfans de la Grèce, et salués d'applaudissemens patriotiques, aux doux noms de liberté, de gloire et d'immortalité. Anacharsis ne pourrait se croire dans le voisinage de la Scythie, et dans cette Tauride, célèbre encore par l'antique férocité de ses mœurs.

Cette opulence éclairée, ce luxe des arts de la paix, fruits de l'industrie et du commerce, sont dus surtout à la navigation des grands fleuves de la Russie méridionale, et à la navigation de la mer Noire, ainsi que de la Méditerranée, qui sont les principaux débouchés des produits de cette portion de la Russie.

C'est ici que se présente une grande difficulté politique. Le gouvernement turc est le maître unique du passage étroit et long qui sert à communiquer entre ces deux mers ; et la capitale de l'empire ottoman s'élève sur les rives du Bosphore. Les Turcs entravent la navigation de ce passage, par des lois arbitraires, ineptes et capricieuses, comme l'esprit de leur législation. Ainsi, le débouché le plus important pour le plus riche commerce de l'empire de Russie, est à la merci d'un état barbare qui n'a nulle fixité dans la marche de son gouvernement.

Cet inconvénient paraît plus grave, à mesure que les provinces russes, situées dans le bassin de la mer Noire, deviennent plus peuplées, plus industrieuses, et par conséquent plus riches en objets d'exportation ; à mesure aussi qu'elles ont des besoins plus étendus et plus variés d'objets d'importation.

Les cabinets européens peuvent écrire les notes diplomatiques les plus adroites et les plus savantes, ils peuvent étaler des principes admirables d'équilibre européen, de repos universel et de philantropie diplomatiques ! Ces simulacres de raisonnement ne pourront rien changer à la nature des choses. Il importe au bien être, à la richesse, à la force de la Russie, que le Bosphore soit libre pour elle, dans tous les tems et malgré toutes les circonstances. Un de ses Czars, deux, trois, quatre Czars , peut-être , parviendront à se dissimuler un tel besoin, et à faire taire l'expression du désir de leurs sujets, en disant comme Neptune aux vents irrités :

Sic volo, sic jubeo, sit pro ratione voluntas.

L'empire de Russie n'en conservera pas moins sa tendance à devenir le seul arbitre des rives du Bosphore, ou du moins à voir placer cet important passage en des mains assez dépendantes de l'autorité moscovite, pour n'interrompre jamais l'entrée et la sortie des bâtimens des Russes et de leurs alliés. Pourra-t-on jusqu'à ce point abaisser la puissance ottomane? Pourra-t-on lui imposer une constante soumission? Pourra-t-on donner à des barbares orgueilleux la modeste retenue d'une perpétuelle déférence? C'est ce que nous laissons à penser aux hommes pour lesquels de semblables questions peuvent sembler encore indécises.

Nous avons indiqué, sans rien dissimuler, la puissance formidable de la Russie, et la nature de ses progrès toujours croissans ; la tendance de ces accroissemens du côté de l'occident et du midi, et les facilités malheureuses que l'imprévoyance des états limitrophes semble présenter aux envahissemens. En même tems, nous croyons avoir montré dans quelles voies les peuples de l'Europe doivent marcher, pour opposer aux Russes une résistance efficace. Établissons partout des institutions fortes qui soient 'a mutuelle garantie des monarques et des sujets ; favorisons le progrès des sciences et des arts utiles, l'instruction populaire, l'industrie et le commerce. Rendons les citoyens heureux et clairvoyans, afin qu'ils courent d'eux-mêmes au-devant des dangers de la chose publique, et qu'à l'instant du besoin, ils meurent avec enthousiasme pour la défense d'une patrie qui donne le bien-être à leurs familles et garantit la durée de ce bien-être à leur postérité.

La France peut marcher au premier rang , dans la noble carrière qui doit être à la fois le salut et la gloire de l'Europe occidentale ; elle peut commander par son exemple, et diriger par ses lumières ; voilà son rôle naturel. Voilà la seule destinée digne de sa grandeur. C'est à ce poste avancé que nous osons l'appeler, et non pas en protégée , en seconde ligne, derrière les vaisseaux d'Angleterre et les diplomates d'Albion. Puissent nos vœux et notre espoir ne pas être démentis par le cours des événemens !

DE L'IMPRIMERIE DE PLASSAN, RUE DE VAUGIRARD, N° 15,
DERRIÈRE L'ODÉON.